I0079045

www.ingramcontent.com/pod-product-compliance
Lightning Source LLC
Chambersburg PA
CBHW041524090426
42737CB00038B/108
9781908918895

رسالة لرجل في الأربعين

رياض القاضي

دار الحكمة
لندن

- رسالة لرجل في الأربعين
- **المؤلف:** رياض القاضي
- **الطبعة:** الأولى ٢٠١٤
- **الناشر:** دار الحكمة ـ لندن
- **التصميم:** شركة MBG INT ـ لندن

ISBN: 978 1 908918 89 5

© حقوق الطبع محفوظة

DAR ALHIKMA
Publishing and Distribution

Chalton Street, London NW1 1HJ Tel: 44 (0) 20 7383 4037 Fax: 44 (0) 20 7383 0116 88
E-Mail: hikma_uk@yahoo.co.uk Website: www.hikma.co.uk

رسالة لرجل في الأربعين

المحتويات

امرأة لن تعود ٥

الرقص على أشلاء الحب ١٠

الأنوثة في لوحة الرماد ١٥

حوار حب مع امرأة باريسية ١٩

امرأة من موج البحر ٢٣

جغرافية عذراء ٢٧

تسألني حبيبتي ما أسمها ٣١

أمرأه تجهض الحُب ٣٤

حتى الجبال تفترق يا حبيبتي ٣٨

الى امرأة معقدة ٤٣

رسالة من رجل في الاربعين ٤٦

تغريدات رجل ٥١

أنا والمطر ٥٦

٥

امرأة رفضت السلام	٦٠
تصريح بإنهاء الحب	٦٤
دم العروبة	٦٦
من مؤلفات الشاعر رياض القاضي	٧١

امرأة لن تعود

حلمتُ بامرأة
هزّت كيان الحروف
وأغتالت في عيون العُشّاق
كل النساء
امرأة تُدعى
قصيدة كل الآوطان
أكبر من كل الكلمات
واوسع من كل النجمات
تحرق زاوية الصفحات
كانت سيدة الشِعر
الحُر وسيدة
الحروف والقوافي

حبيبتي مخلوقة من رغوة البحار

وعيناها اغلى من الف محار

تميلُ على حقول الياسمين

فتخطف من لظى شفتيها

نَفْسيْ

واسيتُ الشعراء

في أيام الجاهلية

وعصرنا المجنون

لأنهم لم يتشرفوا بمدحها

حبيبتي كانت تحرق الحقول

بمشيتها

تغار منها السُمر

والشُقر

وحتى الوان النبيذ

الحمراءْ

فتسيلُ الوهج

وتتألق الأشياءْ

....

نهديها

كقبتان

تلمعان في حُضن الغروب

سفيرة الشوق

لا تهربي

كهروب الاسماك الى الانهار

لا تغربي

عن ارضي

كغروب الشمس من حضن السماء

كتبتُ فيك روائعي

وشنقت أنفاسي بين سطور المواجعِ

فماذا اكتب؟

وقد استهلكت دمي

في ذرف الادمعِ

....

ادمتني

الرؤى وكل كؤوس النبيذ

وعلى خمرة عينيك مصلوبُ

قد احرقتْ منطق طفولتك

اعصابي

ارنو الى مفاتن نهديك كالنسر

فما اروعك من انثى تفنيني

لِليلِكِ مرور تحت نافذتي

فيالق النار في صدغي تُدّمرني

امرأة سماوية الشفتينِ

أخبريني

يا من غزلت الفصول في ربوع نهديك

متى تُمزقي الوعود

يا طائشة الظفائر

وتكوني لاجئة صدري

في كل مساءْ

وتفكري بالرجوع؟

....

الرقص على أشلاء الحب

ماعاد لنا ان نحب ثانية

فنحن منذ البداية رفضنا التقليد

ورفضنا الفراق

ورفضنا النوم على سريرين

مختلفين

فأكتفيتَ ان تغمس شعري

بكلمات الشِعر

وجعلت من نهدي

فاكهة تغمرُ شذاه

مائدة عينيك

....

مضينا في اكذوبة الحب

لا أنت تستغني عني

ولا انا استغنى عنك

اسقطنا النجوم في كفّي بعضنا

وملانا بدفء السنابل

حقول رغباتنا المتوحشة

لنفق بعد الفراق

ان كل ما قيلَ بيننا

كان رياء

وكان نفاق

....

أنت عشقت غيري

وانا مع الموت

كنت في حالة عناق

أكذوبة كبيرة تلعبونها انتم الشعراء

تظنون ان كل النساء

مداد تخطون بها اشكال الجنس

وأن النساء كلهن يُكْملن نشوة الخمر

تذّبحون الكبرياء

وتقتلون تحت طرب شهوتكم

انواع النساء

....

لن اسمع بعد الآن الشعر

ففي كل بيت وقافيه فقدتُ عُذريتي

لم افق الا على اوهامكم

فالشعراء الشرقيون

ليسوا كالغرب

فهُم لا يغتصبون الكلمات

ويحترمون كأس النبيذ

وجلسات النساء

انت يا سيدي شاعر ميت

تضحك شفتاك

وتبكي عليك جُملكَ

الجوفاءْ

فمن منا يا صاحبي

لعبةٌ رعناءْ؟

....

الأنوثة في لوحة الرماد

يرسمُكِ الحياة كما يشاء

فنسائنا كما يريد الرجال

عاريات

جاريات

لا سيدات

فرجال الدين عقدتهم التبرج

ويجعلون من عشق النساء عورة

لا يمنعون الرجال

لا قانون يعلو على سيادتهم

يضربون نسائنا

ما يشاؤون

وفي الحروب جاريات

تُحرق ثدى الانثى ببارودة الجندي

يُمنعن من ارضاع اطفالهن

وتزلق فوق ربوة الظالم لذةٌ

وكأن الله لم يأمر برفق القوارير

....

ممنوعٌ ان نضع الانثى

في مزرعة الزنابق

او نجمع انوثتها في زجاج القمر

أيا شرقي المفعم بعنتريات بائسه

كيف لا تحمي

من هُنّ ذات شفق فستقي

فكيف تدور الاكوان

ان هُن وقفن من الرقص

وكيف للجزر ان تُلملم نفسها

والمرافئ ما عادت تستنجد بالنوارس

فكل شيء مُبعثر

لاحياة بدونهن

فالحروب اقتحمت عُذرية الصبايا

ولا مرور بعد الان للعشاق

على زُمّرد دافئ

....

صاحبة القرط الطويل

توقفت عن الرقص

لم تعد تقف على اصابعها كما كانت

لم تعد تحرق قلوب الرجال برقصها

فكل ماحولها رماد

على المنحنى تقعد تلك الراقصة

تُواسي ما تبقى من الحرب

فالغزل انتهى موعده

والرجال لم يعودوا رجال

تقطعوا

وانتهوا

ولم يعد احدا يلبس لباس السهرة

أو يراقص ست النساء

ذلك ما اراده الغُزاة

وهكذا ينّفذ لهم ابناء الوطن

....

لندن ٢٠١٣

حوار حب مع امرأة باريسية

لا شيء يدعو الى الانحناء
فتلك المرأه ليست ككل أمراه
انها امراه تعشق شرب قهوتها
في جلسة خاصة
على النهر الفرنسي
فعندما تشتعل ابتسامتها
هنا تتغير الظروف
فلا شيء يدعو للانحناء

فهل سال دمي؟

ام سالَ الشوق تحت ثرى

ساقيها البيضاء

فلا شيء يدعو للانحناء

فهي مازالت لم تلبس لباس السهره

لتتفتق من بين صدرها

انوثة تنعجن بين شعر الشعراء

وجداول الماء

وتنام بين دفء الحروف

فلاشئ يدعو للانحناء

فتلك سنبلة الشعر

ووجها الذهبي

كالدينار الآموي

تبتسم

وتحاور فنجان قهوتها

من شفتيها

عندما ترتشف قهوة الاكسبريس

لتأكلني بشراستها

الانثوية وتفتك بكتب تأريخي

ولا شيء يدعو للانحناء

للفرنسية الطويلة

فهي امرأه تمشي بداخلي

تعتلي أسواري

وتقطف زهوري

وتسقي ليلي

بشذرات من رحيق قهوتها

لا شيء يدعو للانحناء

لهذه الفرنسية

فهي فضيحة مكتوبة

على غلاف الصحف الرومانسية

الكل يخاف من حُبّها

فلا احد سافر ببحر انوثتها

وعاد سالما الى مرفأ عينيها

فلا شيء يدعو للانحناء

لهذه الفرنسية

التي احرقت شوارع وحارات فرنسا

وفرّقت النساء عن ازواجهن

واطفات انوار الشوارع

لتحتل هي صدارة الانارة

وشرف الجنون بها

أصابت بها كل الرجال

فكيف اسجنها

كنقطة في آخر الجملة

او ان احتمي من براكين عينيها

فكيف سينحني الرجال لها

وهم قد تفتتوا على مرتفعات نهديها

الباريسية

....

امرأة من موج البحر

اكتب في دفتر
الشعر والياسمين
امرأة خُلقت من عطور
الزهور وزجاج القمر
أمرأه خُلقت من طموح خيالي

تُبعثر على شعرها المظلم الاسود

كلمات تعشق فيها اشعاري

تنامُ على الرُخام المليس

وتدخلُ بانوثتها حين تنام

فصل الغياب

....

تهجم كالموج

تصقلني كالرمل

وتجعلني كحمامة الجيب

تدور وتدور

في خلدها كالمجنون

تملا ثلوجة انوثتها مقاهي الرصيف

فهذه الجُنينة مليئه ببرلمان الانوثه

اقرفص في شوارع طريقها لارتاح

ثم يأخذني الهوى الى سفر طويل

الى خلجان عينيها

واكون غوغائيا

ثائرا

اطعن كل من يتمرد

ويثمل على نصوص انوثتها

احاول منذ ان تعلمت حب النساء

ومنذ ان بدات حدود رجولتي

ان يُهرهر غبار النجوم

على دفاتر قصائدي

فكوني في البحر موجا

ليس ككل الامواج

موجٌ تحرق الخلجان

وتضرب كالحلق الفضي

كواكب الالوانِ

....

جغرافية عذراء

احتار ان اختار ياعذراء

ماذا تلبسين ؟

فالازرق

أو الاسود

او الوان حياتي

تلبسين

وعلى مرافئ العشق

تتمدّدين وتضحكين

فباستين النساء

على حانات لندن

يتكسّرن

وانت ترقصين

....

على سمفونية الموسيقى

تتكسر الحروف

وتتحول اصابعي

حين اراقصك الى فراش

يلهو مع لحنك

وانت على صهو السحاب

تركبين

وتدمرين جموع

الراقصين

فكيف لا ينحني الرجال

لخصرك وهي تحتل انظار

الحاضرين

وبكل انوثةً ترقصين

....

بعد كل هذه الاعوام

اعودُ كالطفل الرضيع

أحبو وأبحثُ عن حبل مشيمتي

واحاول ان اكون بلا خطيئة ولكن ؟

بلا جدوى فهاهي نهداك امام عيني

تزيدني شُعلة

وتحولني الى قطعتين من السكر

في فنجان قهوتك

أما انت فبكل غرور لرجولتي

تبعثرين وتغتالين ...

....

تسألني حبيبتي ما أسمها

يا ذي النهد اللجوج

تسألينني عن اسمك ؟

اسمُكِ فيه

تيه الذرى

وصوت بيانِ

أنتِ ما انت من اغنية

انتِ بين ضفتي خصرك

قصائد الشام وبغدادِ

وُلّيـتُ قيصرا على نهد النساء

قبل مطلعك

وما بعد طلوعك ما أظنُ

انني كنتُ سلطانِ

أيا زيتية العينين

رِقي

وأنثري شعركِ

الحرير على المعصمينِ

استري على قلبي

حين تتمايلين

ففي حُسن مشيتك

جداول وانهارِ

....

فلا تسأليني عن اسمك

يا حبيبتي

ولا تسألي كيف دمرتي

حدود الثواني

فانا المقتولُ

والمصلوبُ

على اقواس

الكمانِ

....

أمرأه تجهض الحُب

لاحب ينام في عظمي

بعد الان

ولا قلب يشفع لرجل

ولا الوم ان لن يحبني

الرجال بعد الآن

فشبابيك العشق

ونزوات الهوى

انتهت

بعد أن حملت من

الرجال

قشرة الشرف

والهوان

فجسدي المُتّعري

وقوامي

وخصري

وأنوثتي

وكل شيء

في تكويني

قد زال

عيناي كانتا

لؤلؤة الخلجان

وقوافل الاقمار

كانت تتوسل

ان المس وأقبّلَ

كلمات الاشعار

ولكنني اليوم

طلقت الرجال

وأجهضت من الان

مساند الكرم

وكل كلماتنا الشرقية

ويا للعار

....

ضاع كل شيء

في جُنينة النجم

حتى في روايات

كتبتها الفَلتانِ

حتى قصائدك المئه

انتهت وانكرتها

عُذريتي

فسمفونية عذريتي

عزفتها الارصفة

ونامت بلا مُكابرة

على نهر أحزاني

....

حتى الجبال تفترق يا حبيبتي

يا سخية الصنيع شكرا

فغيابك لم يحدث

ولا انا كنت كما انا

ستسالين يوما

ان كان الفراق قد هدني

فانا لم أهدم

فقط مزقتُ قلوبا

اثناء سفرك عني

يا فُلّة قصائدي

مسختيني الى وهم

وجعلتيني أؤمن بان الجبال

ستفترق لا من سكونها جنت حُبّا

ولا من هدمها ستجني

....

حدودك الاقليمية في ذاكرتي

ما زالت تتوسع

خرقت كل جبين

ودمرت سكون العين

فافتضحتني هلوستي

فكل امرأة اراها

اتخيلها زهرة النسرين

....

يا صاحبة تلك الشفتين

انت طفلة لا تجيد الحب

الامعي

ولا تجيد قراءة العشق

الا معي

فلا أعجب ان رحلتِ

فالجبال تفترق

من الكوارث

لا من الحب

ولا يجمعها حتى حنين

....

يا جزيرة الشعر

يا صندوق ياقوت

يا ذي شعر

كشعر الحرير

ستجوعين في سريرك

وستجوعين رغم

انك ستسمعين

شعرا

ونثرا

ستجوعين

رغم قهوتك

وبعض من قطع البسكوت

تملأ الصحن

لانني كما أخبرتك

لم اعد معك

لاحبك بهمجية

....

الى امرأة معقدة

يا ترى أتسمعين

الصهيل

وقاراقع لهفة الفرسان

أذن اخبريني لماذا العُقد

فهاهم الرجال يتقاتلون

من اجل مملكة عينيك

اخبريني اين حدودك

اهي كحدود العصافير

تمتد من الشرق

الى اقصى الجنوب

ام انك تخافين الامتداد

وتعشقين الاختباء

في عتمة الجدائل

....

تضيعين في انوثة الوردة

وترتفعين كنخلة في داخل

رجولتي

ساتقمص بجمال عينيك

واغرق في سواحل وسمفونية

جداولك

فكفاك عُقد

....

رسالة من رجل في الاربعين

لا تقلقي

فأنت عاصمتي

وما تعلمتهُ من نساء غيرك

لم تكن الا تمارين

لأستعد ان احبك

فلا تقلقي

لانك سطور شعري

وفاكهة أوطاني

حروبي مع احزاب الرماد

قد انهتني

وانهكت كل رجولتي

انا الان عاقل

لانني استقبل

مرحلة الاربعين

واكف عن غزل البنات

لأبدأ معك عصر الجنون

....

كيف تتركيني الان

كيف تحبين الان

وانا الان مازلت

رجلا نازفا

علميني لغة الاربعين

علميني حوار العصافير

علميني كيف أخلُق

لغة جديدة

تتحاور رجولتي

مع زجاجة النبيذ

وناهداك

....

انوثتك الهمجية ما زالت تقلقني

انوثتك اخاف منها

واخاف ان انسى نفسي

في الاربعين

وان اعود احبو كالاطفال

في عمر الثانية

بيني وبينك قبضتين

وقليل من قطرات النبيذ

لافقد عقلي

واكون غازيا

او مغزوا

او اكون طريده

بين حضاراتك الفريدة

....

سيدتي

اقرأي علي قليلا من قصص

شهرزاد

ودعيني استنشق

من عطر انوثتك

قليلا

لا تتعبي وتسعي الي

فانا اشم عطرك

في الظلام

كالقط أداعبك

كما تداعب كرة الصوف

انا صفر

وكتاب أبيض يشتق

كلماته من بلاد

البعاد

....

تغريدات رجل

يلومنني الكثيرات
لأنني اخترتك ان احبك
وأعجن كلمات الشعر

واسخن احاسيسي

في حرارة عينيك

يلومنّنّي

النساء

لانني اخترت ان اضع عينيك

في تقويمي السنوي

واقيلُك من ارشيف تاريخي

الى كتاب اساطير

تحتفل معك ازهار الجلنار

وافراح الطيور

....

تعلمت في حبك

ان لا أخون

وان لا أ كتب في امرأة

أخرى سطورا من الهوى

وان اتظاهر او العب

دور المُتيّم

أو ان اقلد مجانين العشاق

واخرج من روتين الحب

الى ما بعد الغثيان

واذوب في تفتقات نهداك

وتقاسيم الشفتان

....

نحن الرجال لانحب

وانتهى

ونغضب

بل الحب عندنا

خبزا حارا

نحرقه بشهواتنا

وجنوننا

ونفوق الاعاصير بدمار المدن

....

انتهت عصر كيلوباترا

فهذا عصرك الان

ان اكتسيتِ

أو تعريتِ

فالرجال لن يفوقوا في حبهم لك

كما أنا

انا من سيغير تأريخك

ويكسو سهولك وجبالك

بخضار رجولتي

واجعل من انوثتك

رمزا في عصري

الذي لايخلو من الجنون

....

أنا والمطر

ما عدت ياحبيتي اخاف

المطر

فلست خائفا الان

فأنا امشي كالصخر

اعانق بشوق

قطرات السماء

ولا اتردد من الذوب

كحبات السكر

عند مفاتق نهديك

بلا حذر

فأي مجد هذا

وحضاره

أن اكتب اسطورة

انوثتك على اوتار نعزفها

وتعزفُنا قصص الحب

كأ لحان القيثاره

هناك عصور

عاشت بين

مفاصل النساء

وفقرات من بيوت

الحب

فكيف اليوم

اقف تحت الزخات

منعدم التوازن

وتمضغني

سعالات المطر

امشي مُرغما

في شارع

اسود

مظلم

لا يخاف الخطر

فماذا يُخيفني الآن

وقد رحلتِ

وازدادُ بردا

كأنني عاري أمام

شتاء

لا ترحمنا سوى

دفء المطر

....

امرأة رفضت السلام

أكلمكِ
وكأني اخاطب بقصائدي
احجار الصوان
مافعلتي بي
لتحليني اوراقا صُفرا
تتساقط ذراته على
تلك الناهدان

اترجم لقصائدي

تنهداتي

واسلوب الشعر

ما عادت تتحمل قسوة

الاشجان

يا من كنتِ

بلسم روحي

وحبر اوراقي

وكلمات اشواقي

أ أراني جُننت

وفضحنتني تلك الاشواق

لكل العيان

....

أيتها الملعونه اين كلماتك المعسوله

اين انا من احلامك الملونه

اين ذهبت كلماتنا الرحباء

فلا تقولي انك انثى

خُلقت من قطرات

أمطار نيسان

....

منذ ان تدثرت بشعرك الاسود

وخلقت من عينيك

دار السلام

ثم تخليتِ عني

ادركت انك

ذلك الوهم الجبان

فلا تقولي لي بعد الان

انك ملاك خُلقت

من نور الاديان .

....

تصريح بأنهاء الحب

احتاج لملايين الاعوام

لانساك

وانسى كم من مرة

سرقت من خصلات شعرك

لأربطه في اصبعي الصغير

واربط ذكراك في جوف خُلدي

يا من علمتيني كتابة الرواية

وزراعة اشواق الورود على ابواب تأريخي

فعصري ازدهر بعطر جسدك

فكيف لي ان انساك

وانا الفارس الاسير بين نهدي ذكراك

....

دم العروبة

-١-

يا وطن العرب الأشمُ

ما أغمض الجفنُ ولا هدأ القلمُ

ايها المائجُ

ايها الليثُ

عمر تاريخهُ ماانشكمُ

يا وطن الاجداد

يا وطناً حولهُ الطيب الاجمُ

لا رجوعا

ولا خوفا

ولاسقمُ

ولا يذبلُ تاريخُك

ولا يذبل تاريخك

فبأسم الله تبقى ابدا اشمُ

-٢-

يا عظيما

يا تأريخا

يا مجدا

وسُخطا على القذا

يا وطني الساهرُ

كلما حزن كظمُ

حاكوا لك الشرّ

واطلقوا عليها شر الرياح

واحرقوا كُتُبُنا في الحممُ

من عصبة اوباش وقزمُ

وما التوينا

وما التوينا

وما رجعنا

ولا حُرّنا يوما شكمُ

-٣-

يا وطني العربي

ياسيدي

ياجليل

يا صاحبُ الحبّ والنعمُ

انت ياعاصم الرجا

انت ياحاسم الدُجا

كلما استنجد المظلومُ

اسرج الهول واعتزمُ

ابدا تُرضع المجد

ودمُ الاخيارُ مافطمُ

-٤-

تسعى اليك تلك الايادي

تسعى اليك تلك الايادي بلا جدوى

ولكن لمن تسعى

ولاتدري انها سعت لاحتظارها

فسرايا فُرسان وطني

اسود تزأرُ على القممُ

لا يا وطني

لا يا وطني

فأنت هائلٌ

تملآ الرُحب في السما

وباذخٌ العظمُ

....

من مؤلفات الشاعر رياض القاضي

تجدون المجموعة كاملة على امازون

Amazon :

١-الرماد والحريق

Fire and ash

٢-الوهم

Illusion

٣- كهرمانه والغزاة

Kahramana and invaders

٤- قارئة الفنجان

Cup reader

٥- يوميات رجل حزين

Diary of a sad man

٦- حواءْ

Eve

٧- بغداد

Baghdad

٨- عصر النساءْ

The era of women

٩- نسرين

Nisreen

١٠- تأملات

Reflection

١١- المجزرة

The massacre

١٢- اسطنبول

Istanbul

١٤ – قصة رجل أمن

The real story of

A Secret agent

Click to LOOK INSIDE!
Eve
-In Arabic-
By: Riyadh AL kadi

THE ERA OF WOMEN
-IN ARABIC-
AHMAD ALI

Click to LOOK INSIDE!
Kahramana
and invaders
-In Arabic-

Click to LOOK INSIDE!
Illusion
-In Arabic-

Click to LOOK INSIDE!
THE REAL STORY OF
A SECRET AGENT
BY
RIYAD AL KADI
AHMAD ALI

Click to LOOK INSIDE!
نسرين
Nisreen
-In Arabic-
BY: RIYAD AL KADI
AHMAD ALI

Reflections
-In Arabic-
By: Riyad Al Kadi
Ahmad Ali

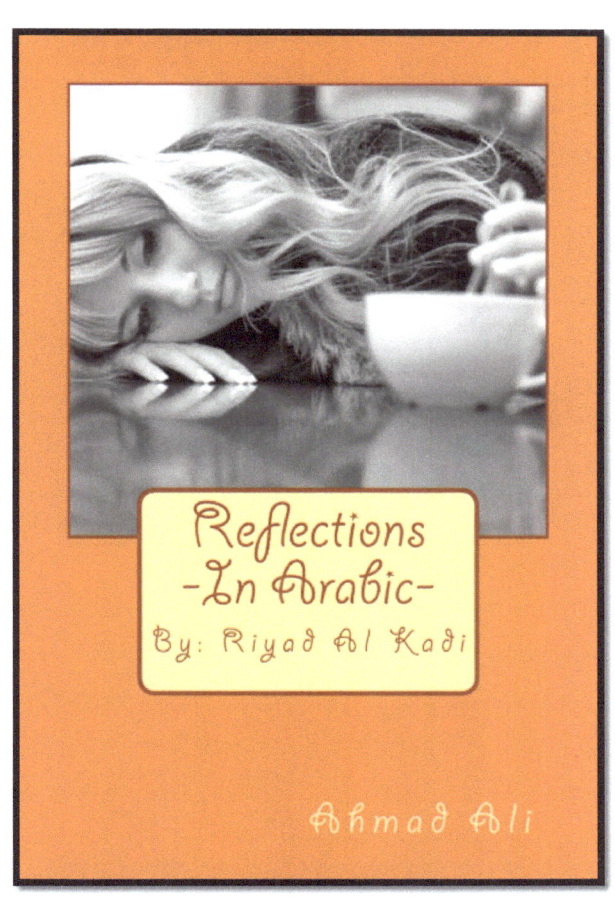

٨.